El Cielo Vs La Reencarnación

La Historieta

Escrito por Dharma

London | New York

Published by Clink Street Publishing 2020

Copyright © 2020

First edition.

The author asserts the moral right under the Copyright, Designs and Patents Act 1988 to be identified as the author of this work.

All rights reserved. No part of this publication may be reproduced, stored in a retrieval system or transmitted, in any form or by any means without the prior consent of the author, nor be otherwise circulated in any form of binding or cover other than that with which it is published and without a similar condition being imposed on the subsequent purchaser.

ISBN:

978-1-913962-02-9 - paperback
978-1-913962-03-6 - ebook

Ten cuidado con lo que deseas, se hará realidad

Oscar Wilde

Indice

Prólogo   9

Las ideas hindúes   10

Las 3 maneras de acabar con el dolor y el sufrimiento.   12

¿Qué hace uno cuando llega al cielo?   15

Así que bien ¿Eres el Salvador o a quien hay que Salvar?   18

No está mal huir cuando tu vida está en peligro, pero se necesita a un ser humano excepcional para arriesgar su vida por otros.   19

El Cielo.   23

No hay teístas cuando la muerte viene llamando   25

¿Cobarde o guerrero?   27

Lavado de cerebro religioso.   32

La dicotomía, viviendo entre minorías y mayorías.   33

¡No preguntes qué puede hacer Dios por ti, sino qué puedes hacer tu por Dios!   35

Añorando la vida fácil.   36

La Reencarnación puede proporcionar justicia.   41

Más lavado de cerebro aún.   45

Nuestras bases éticas y morales son flexibles.   49

¿Los animales van al cielo?   53

No te arrodilles ante Dios.   55

Obtén la buena vida de la manera fácil   58

¿De verdad te importa?   60

Tantas preguntas sin respuestas, pero ¿En dónde están las preguntas?   63

La moral es flexible   65

El propósito y el significado de la vida   66

Dios es mi boleto para la vida buena en el cielo   67

El rey y el maestro   68

Conclusiones y el Futuro   69

Prólogo

Este libro es una pequeña versión basada en los dibujos animados de mi historieta - "El Cielo vs. La Reencarnación" escrito por Dharma.

Como dice el refrán, una imagen vale más que 1.000 palabras, así que espero que al usar dibujos pueda expresar mi punto de vista con una mayor claridad.

Nuestros puntos de vista sobre Dios y la Religión se han estancado en el pasado; seguimos reciclando una y otra vez ideas escritas en el pasado sin siquiera cuestionarlas.

El hecho de que un libro se haya escrito hace 1.000 o 2.000 años, no implica que las personas de esa época tengan una idea especial ni mucho menos que los dioses caminaban en la tierra durante esos días.

Nuestros ancestros no eran malas personas, simplemente escribieron lo que ellos consideraban correcto, expresaron SU visión de Dios, influenciados por las vidas que vivían en ese momento.

Los reyes, emperadores y dictadores gobernaban de forma brutal, exigiendo obediencia y lealtad ciegas a cambio de sus favores. y esa fue la plantilla para Dios, o al menos para las religiones más grandes como el cristianismo y el islam, las cuales son dominantes en el mundo al día de hoy.

Así que ponte de rodillas, suplica misericordia, jura lealtad al Rey y serás recompensado; Esa era la vida en ese momento y esas fueron las ideas que se escribieron y transmitieron de una generación a otra, lamentablemente la gran mayoría de la humanidad todavía sigue ciegamente tales ideas incluso hoy en la actualidad. Aunque la vida de hoy es muy diferente.

A través de mis libros espero cambiar el discurso, difundir nuevas ideas y brindar nuevos puntos de vista sobre la religión y la espiritualidad.

Pueden comunicarse conmigo al correo
heavenvsreincarnation@yahoo.com

Las ideas hindúes

Primero, quiero dejar en claro que las ideas hindúes, no están destinadas solo para hindúes.

El nombre correcto para el hinduismo es Sanatana Dharma, traducido libremente como La Verdad Eterna. ¿Qué tipo de nombre es ese para una religión?; ¡Exacto!; Esta fe comenzó con algunos hombres sabios e iluminados impartiendo conocimientos a quienes les rodeaban en la antigua India. Sus ideas eran para todos.

La Caricatura nos dice que si todo lo que deseamos es la "Vida Fácil", sin preocupaciones ni responsabilidades, entonces nuestros deseos se harán realidad.

Todo el mundo ha oído hablar a hindúes acerca de la reencarnación y de regresar como animales o insectos, bueno, este concepto ha sido muy mal interpretado. Ha sido visto como un castigo por actos criminales en una vida anterior, esa es la idea generalizada y equivocada. Uno simplemente alcanzará la vida que desea, eso es todo: Tat Tvam Asi.

A través de la vida misma Dios nos enseña que toda vida llega a vivirse con relativa comodidad en el nido por un corto período de nuestras vidas, todos tenemos que crecer y enfrentar el mundo por nuestra cuenta, levantarnos sobre nuestros propios pies y ganarnos la vida. Desear una vida de pereza, cuya existencia sea de dependencia constante y de infancia eterna está muy mal, eso va en contra de las leyes de Dios.

Pero esos deseos se harán realidad y vivirán como un árbol o una mascota, esas personas estarán bien cuidadas, nada más que hacer que comer, ir al baño y dormir, ¡sin preocupaciones y responsabilidades! ¡Eso si es estar en el cielo!

Las 3 maneras de acabar con el dolor y el sufrimiento.

La manera más rápida de acabar con cualquier problema es, por supuesto huir de él; eso es lo que logra la idea del Cielo.

Esa idea te dice, huye de los problemas de la vida, escóndete y no piense en tus seres queridos que todavía están acá abajo o en cualquier otra persona. ¿Solías pasar tiempo ayudando en un refugio para personas sin hogar?.

Ahora, es el problema de otra persona, ¿solías trabajar para ayudar a curar el cáncer? Pues bien, ya no es tu problema. ¿Tu país está en guerra? acaso ¿Moriste luchando contra el enemigo? ¡Ahora, ya no es tu preocupación!

El cielo apela a los cobardes, los débiles y las religiones los usan y explotan haciendo promesas baratas de tierras mágicas en el cielo donde la vida será fácil, ¡siempre que nos unamos a su religión, por supuesto!

Sin embargo, incluso los más brillantes entre nosotros no logran ver este ESQUEMA PONZI por lo que realmente es.

La segunda forma más rápida de acabar con el dolor y el sufrimiento es nunca tener deseos, de esa manera nunca sabremos el dolor del fracaso. Nunca intentes nada, nunca falles en nada, nunca tendrás que sentir ningún dolor.

Tales ideas atraen nuevamente a los débiles, los viejos de corazón, tales ideas no son para los fuertes, los jóvenes o los soñadores.

La mejor manera de acabar con el dolor y el sufrimiento es enfrentarlo directamente: los problemas deben ser enfrentados, luchar contra ellos. Seremos derribados muchas veces, pero el fuerte, el guerrero no se rinde.

Dios te necesita aquí abajo, el fuerte y el guerrero pertenecen aquí abajo a la tierra.

¿Qué hace uno cuando llega al cielo?

¡Lo increíble es que tal pregunta nunca se ha hecho! ¡NUNCA! ¡En todos los anales de la historia humana, tal pregunta nunca se le ha planteado a un líder que habla sobre el mas allá!

Ninguna persona ha preguntado: "ok, llegamos allí, todo es maravilloso, fresas con crema, miel sobre hojuelas. ¿Pero qué hacemos a diario? ¿Hay algún trabajo que hacer? ¿Qué trabajo podría tener el ser que creó este enorme universo para nosotros los humanos?

Con un pensamiento, ¡Él puede crear trillones de robots que pueden funcionar día y noche! ¿De qué servimos Entonces?, ¿nos sentamos o solo flotamos mirándonos unos a otros? ¿dormiremos durante la eternidad? ¿Acaso este es el gran plan de Dios?

Si te dijeran que dentro de unos días te enviarán a otro país, como adulto, tu primer pensamiento no sería: "¿Cómo podré mantenerme? ¿Qué tipo de trabajos estarán disponibles para mi habilidad?" - ¿No son estos los pensamientos que pasan por tu mente?

Sin embargo, cuando se trata del Cielo, ¿parece que todos simplemente esperan que Dios atienda bien todas sus comodidades? Piénsalo un poco, ¡incluso tu propia madre no te dejaría hacer eso! ¡Incluso tus propios padres te dirán que salgas a buscar trabajo!

> NINGUNA RESPUESTA TIENE SENTIDO, PERO AFORTUNADAMENTE PARA NOSOTROS NADIE HACE PREGUNTAS INCOMODAS, NI LOS MEDIOS, NI LAS PERSONAS EDUCADAS, NI LOS FILÓSOFOS O PROFESORES, ESPECIALMENTE NADIE QUE VEA A DIOS COMO SU BOLETO A LA BUENA VIDA TODAS LAS PREGUNTAS QUE HACEN SON FLOJAS COMO "COMO SERÁ EL CIELO" Y PODEMOS HABLAR SOBRE CUAN HERMOSO SERÁ Y ESO LOS HARA MUY FELICES, HASTA A LOS MEJORES DE NOSOTROS LES ES MUY FÁCIL LAVARNOS EL CEREBRO.

Yo pregunto, ¿y se supone que debemos creer que este ser te cuidara por toda la eternidad? ¡Ese es el poder de lavado de cerebro de la religión! Parece que incluso los mejores entre nosotros no somos inmunes a esto.

Así que bien ¿Eres el Salvador o a quien hay que Salvar?

¿Quién eres? ¿La damisela en apuros o el caballero de corcel blanco y brillante armadura? ¿El cobarde bajo las sabanas o el guerrero blandiendo la espada al calor de la batalla?

Demasiados incidentes en escuelas que acaban con vidas inocentes. El 14 de febrero de 2018 en la ciudad de Parkland, Florida, en la Secundaria Douglas, ocurrió un macabro acontecimiento, un tiroteo donde muchos inocentes fueron asesinados.

La mayoría huyó, pero algunos arriesgaron sus vidas para salvar a los niños. El entrenador de fútbol Aaron Feis murió tratando de salvar vidas inocentes. ¡Anthony Borges, solo un niño, ayudó a ocultar a otros estudiantes y sufrió 5 disparos!

No está mal huir cuando tu vida está en peligro, pero se necesita a un ser humano excepcional para arriesgar su vida por otros.

Hacer que Dios se sienta orgulloso de ti no es fácil, repasemos nuevamente: **hacer que Dios se sienta orgulloso no será fácil**. ¿Alguna vez escuchaste a algún líder religioso usar esas palabras? No, obvio ellos están demasiado ocupados procurando ayudarte a escapar al cielo.

El dolor está aquí en la tierra, el sufrimiento está aquí en la tierra; aquí es donde te necesitan. ***¡Dios te necesita aquí!***

Pero en la vida real, todo tiene un precio; no hay almuerzos gratis, Dios nos lo ha enseñado a través de la vida. Las lecciones de la vida son las lecciones de Dios

Hoy vemos a muchas personas vendiendo sus almas, básicamente apoyando a hombres fuertes y malvados.

Otros se hacen amigos o amantes de personas ricas, con la esperanza de que él o ella los lleve a restaurantes caros y clubes nocturnos, de vacaciones a hoteles 5 estrellas y quizás vivir así la buena vida a expensas de esta persona millonaria.

La reencarnación no es para todos, es para el guerrero dentro de todos nosotros. Aquellos que se dan cuenta de que las cosas buenas de la vida son ganadas, nunca regaladas ni pedidas.

Enfrentaremos todo lo que la vida puede arrojarnos encima y, sin embargo, avanzar. Hay que entender que huir no es la solución a los problemas de la vida, bueno, es la solución del cobarde, tomar la decisión correcta no siempre es fácil.

El Cielo.

El Cielo es una metáfora del útero, la infancia y el pasado, mientras que La Reencarnación representa la vida, la edad adulta y el futuro.

Existe y no existe evidencia de Dios, El Cielo, El Infierno o La Reencarnación; Entonces si tales lugares y eventos son inexistentes, debemos concluir por lógica que no son más que ideas preconcebidas, solo imaginaciones.

Piensa por un segundo cómo te han contado cómo será el cielo: ¿no se parece a tu infancia? - ¿Pasar los días sin preocupaciones jugando, con la certeza de ser amado, protegido y cuidado? Alguien que te atenderá, ¿te mantendrán salvo y feliz?

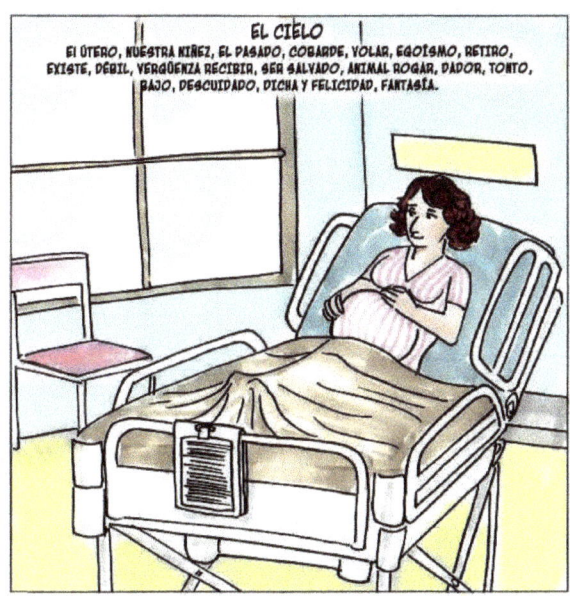

El cielo es un anhelo de aquellos días pasados, tanto en la infancia como en el útero, en donde nos sentíamos felices y satisfechos. ¡Pero repentinamente fuimos arrojados de manera brutal de ese Edén a un mundo frío y duro! ¡Comenzamos a llorar casi al instante porque por primera vez sentimos el dolor! ¡Y así es como comienza la vida! Una vida pre-empacada con su ración de Dolor y Sufrimiento, desear una vida sin dolor y sufrimiento es desear la Muerte, así de simple.

En la imagen de abajo vemos a un joven saliendo al mundo. ¿Pero por qué? ¿Por qué no quedarse a salvo en el nido? Los padres le proveerán, lo mantendrán a salvo y atenderán sus necesidades. Pero eso sí, sin arriesgarse, así este joven nunca comenzará su vida.

Todas las criaturas conocen esta ley natural y la obedecen. Pensar que uno puede regresar corriendo al útero para quedarse como un niño para siempre es una locura. No se puede vivir en el pasado, debemos avanzar hacia el futuro.

No hay teístas cuando la muerte viene llamando

Todos han oído el refrán que dice "No hay ateos en las trincheras", básicamente burlándose de los ateos, diciendo que cuando tienen miedo por su vida, pedirán ayuda a la deidad en la que dicen no creer.

Bueno, lo curioso es que veo que los teístas tampoco están muy felices cuando la Muerte viene llamando. Eso es una sorpresa, ¿verdad? ¡La vida es un pecado, ¡Dios está esperando!, ¡la muerte ha venido a llevarlos al cielo, un lugar de alegría y felicidad eternas! ¡Waoo! No más preocupaciones o responsabilidades; ¡es diversión y más diversión todos los días!.

Así que aquí viene la Muerte para llevarlos a ese lugar tan maravilloso y sorprendente, ¡PERO LOS TEÍSTAS NO QUIEREN IR! ¿Qué? ¿Cómo? Pero y si Dios está esperando, el cielo te está esperando, todo ese mundo maravilloso te está esperando, ¿pueden escapar de esta miserable vida y no quieren irse? Así que van al cielo, llorando, pataleando y gritando, aferrándose a la vida con cada fibra de su ser. ¿Eso tiene algún sentido?

¿Alguna vez has oído hablar de alguien haciendo una fiesta para celebrar su diagnóstico de cáncer? ¿Cuándo el doctor les dice que les quedan unos pocos meses más de vida? ¿Por qué es eso? De repente quieren vivir, de repente se iluminan como árboles de navidad, de repente se dan cuenta del regalo que la vida es.

Sí, la vida es un regalo de Dios y Dios continuará otorgándole este regalo todo el tiempo que lo desee. Los que persiguen el cielo persiguen el oro de los tontos.

¿Cobarde o guerrero?

Lamentablemente, la violencia armada y la muerte se han convertido en hechos comunes en los Estados Unidos. ¡Hubo un incidente en Las Vegas donde un trastornado se sentó en su habitación de hotel con vista a un concierto y desato el caos y la muerte con su arsenal personal!

El saldo, cientos de heridos y muertos en ese fatídico día. Cuando escuchamos sobre tales eventos, nos sentimos hartos de la vida, entendemos entonces que la vida no es un picnic y deseamos una vida más sosegada y tranquila.

Las religiones se aprovechan de estos sentimientos y de nuestras inseguridades para hacer promesas fáciles de la vida fácil que se tendrá en otros lugares. Pero recuerda, primero debemos unirnos a su religión, por supuesto.

Lamentablemente, incluso los mejores de nosotros no podemos ver a través del ESQUEMA PONZI que está en juego aquí. Bernie Madoff abuso durante años de las mismas tácticas que la religión y tuvo muchísimo éxito en ello.

Pero en la vida real, todo tiene un precio; no hay almuerzos gratis, Dios nos lo ha enseñado a través de la vida. Las lecciones de la vida son las lecciones de Dios.

Aquellos que huyen de la vida terminan como formas de vida inferiores. obtienen así su deseo, llegan a ser quienes son (Tat Tvam Asi) o lo que quieren; la vida es definitivamente más fácil para nuestro gato, perro, tortuga o incluso un cerdo.

Obtienen así su deseo, llegan a ser quienes son (Tat Tvam Asi) o lo que quieren; la vida es definitivamente más fácil para nuestro gato, perro, tortuga o incluso un cerdo.

La reencarnación no es para todos, es para el guerrero dentro de todos nosotros. Aquellos que se dan cuenta de que las cosas buenas de la vida son ganadas, nunca regaladas ni pedidas.

Enfrentaremos todo lo que la vida puede arrojarnos encima y, sin embargo, avanzaremos. Hay que entender que huir no es la solución a los problemas de la vida.

Huir siempre es la solución del cobarde, pero luego el cobarde se preocupa poco o nada por los demás, todos sus pensamientos son impulsados por su propio egoísmo y solo se ocupa de su propio bienestar.

Lavado de cerebro religioso.

No hay otra frase para ello: lavado de cerebro es la frase correcta, cuando las personas matan en nombre de la religión, tenemos que concluir que hay algo muy mal con algunas enseñanzas religiosas y sus seguidores.

Como muestra la caricatura, la religión contradice por completo toda la moral y la ética que inculcamos en nuestros hijos. Les decimos que no hay almuerzo gratis, que nada bueno viene sin trabajo duro y esfuerzo.

Que si algo se regala no tiene valor. Que no hay que tomar lo que no se gana. Si el profesor comete un error y le da a su hijo mejores calificaciones y tu hijo te lo dice, ¿no te sentirías orgulloso? ¿Te imaginas al profesor cambiando una F por una D solo porque el estudiante lloró y rogó?

Sin embargo, cuando se trata de promesas religiosas, parece que toda nuestra moral y ética salen volando por la ventana. Así que, si es en el cielo, si está bien tener almuerzos y cenas gratis por toda la eternidad.

Ahora yo me pregunto ¿está bien que las acciones no importen?, ¿Acaso nuestro valor se definirá por nuestra filiación religiosa? ¿Negar un empleo o impedir un ascenso debido a su religión está bien? **Sé que la respuesta es no, Eso está completamente mal**, ¿O no?

¿Pero "Dios" hace eso todos los días? "Dios" tiene una regla simple; ¿divide a las personas según su religión? ¿Todo lo que hiciste en la vida no importa?.

Tu moral no importa, tu ética no importa, ¿la individualidad no importa? ¿Los pedófilos, asesinos en masa, violadores mientras sean creyentes serán recompensados y salvados?.

Pero entonces que pasa con ¿los Gandhis, los Einsteins y los Budas del mundo consiguen la condenación eterna y el infierno?

Y todo lo que se necesitó fueron algunas promesas ligeras de la buena vida para que la gente venda así sin más sus almas. **Lavado de cerebro puro y duro en su máxima expresión.**

La dicotomía, viviendo entre minorías y mayorías.

Una extraña faceta de los seres humanos es la rapidez con la que cambiamos nuestros puntos de vista dependiendo de en qué lado estemos.

Como minoría, estamos maravillosamente iluminados, usamos palabras como "Todos somos seres humanos, todos somos iguales, si somos cortados, ¿acaso no sangramos todos igual?

Todos tenemos seres queridos, todos tenemos esperanzas, sueños, aspiraciones como todos los demás "y si se trata de una minoría religiosa que se enfrenta a la discriminación, decimos:" No debemos ver la religión, debemos ver a las personas", etc., etc., todas palabras muy honestas, políticamente correctas y maravillosas.

Pero algo peculiar sucede una vez que ganamos en números y nos convertimos en mayoría, y así de repente, todas las buenas palabras parecen volar por la ventana. Mi "amigo" afroamericano me dijo que me dirigía al infierno.

La parte superior de la pagina muestra el espectáculo de los Premios Oscar de hace unos años, cuando las opiniones del presentador cambiaron al comentar sobre otra etnia.

Sí la misma persona que se enfadaba cuando enfrentaba discriminación basada en el color de su piel, se enoja y se molestaba si la seguían en una tienda y sin embargo, se da la vuelta y me dice que seré enviado a cámaras de gas en el infierno simplemente porque no comparto sus creencias.

¡Yo debo ser discriminado en base a mis creencias y él estaba de acuerdo con eso

¡Qué cambio tan repentino! ¿Qué explicaría su cambio de comportamiento? Pasó de ser una minoría, una persona afroamericana de color que vivía como minoría en una sociedad blanca, a ser cristiano, ¡ahora miembro de la mayoría! ¡Y por ello su perspectiva cambió de inmediato!

¡No preguntes qué puede hacer Dios por ti, sino qué puedes hacer tu por Dios!

De acuerdo, es cierto, me tomé algunas libertades con el eslogan, pero entiendes la idea: muchos están envueltos en lo que Dios puede hacer por ellos.

Quieren alejarse a como dé lugar de la severidad de la vida, la vida es dura, esperan una vida fácil y perezosa, y las religiones están más que felices de explotar eso. Dios creó un solo mundo, ¡Este Mundo!, y las religiones crearon tierras fantásticas en el cielo donde la vida es miel sobre hojuelas.

El cobarde huye de la vida, pero el guerrero la abraza. Cuando el Cobarde mira al enemigo, todo lo que puede pensar es en su propio bienestar, en cómo podría lastimarse o morir, todos sus pensamientos giran en torno a sí mismo.

En cambio, cuando el guerrero mira al enemigo, se da cuenta de que, sin él, el bienestar de su familia está en riesgo; su esposa podría ser violada y asesinada, sus padres, sus hijos, su gente será asesinada, ¡su forma de vida destruida!

El cielo está diseñado y construido para el cobarde, la reencarnación en cambio es para el guerrero.

Añorando la vida fácil.

Como he señalado antes, los teístas se sorprenden cuando se les pregunta qué harán en el cielo. ¿Por qué Dios nos necesitaría en el cielo? ¿Para qué trabajos necesita Dios ayuda humana?.

Ademas de eso, ¿Cuánto pagan? ¿Es acaso suficiente para vivir? ¿O acaso vivir en el cielo es como vivir en un país comunista? ¿Una casa, un trabajo todo se asigna y todos son iguales y pagan lo mismo?

Las religiones simplemente están explotando la avaricia y la frustración de las personas con su vida. ¿Cuál es la gran diferencia entre la vida real y el cielo cuando se trata de vivir la buena vida?

En la vida real, nadie te dará millones para que puedas vivir una vida buena, pero las religiones están más que felices de prometer que "su" Dios amoroso estará más que feliz de DAR, esa es la palabra clave aquí, DAR la buena vida que buscas.

En la vida real, las cosas buenas de la vida ¡TIENEN QUE GANARSE! Ya sean buenas calificaciones, un buen trabajo, ser titular en un equipo deportivo, una medalla de oro en los Juegos Olímpicos, un galardón de cine.

Hay que esforzarse para poder ser el próximo Einstein, Mozart, ¡nada se da gratis! GANAR, es la consigna y eso es lo que enseñamos a nuestros hijos.

Lamentablemente, cuando se trata del cielo, la codicia al parecer se hace cargo. de esta manera todas las lecciones que Dios te ha enseñado a través de la vida se descartan.

Así babeamos sobre las elevadas promesas hechas por los líderes religiosos, que se ríen de nosotros a nuestras espaldas. ¡Nuevamente una vez más, somos tontos persiguiendo oro de tontos!

Solo porque no te gusta estudiar, abandonar la escuela no mejorará tu vida. Solo porque odias tu trabajo, renunciar no cambiara tu vida.

Puedes soñar todo lo que quieras, odiar la vida todo lo que quieras, pero la muerte no es la puerta de entrada a una tierra mágica de abundancia.

La Reencarnación puede proporcionar justicia.

Abre el periódico o mira algunas noticias en la televisión y todos los días tenemos la oportunidad de leer o mirar sobre vidas humanas siendo truncadas.

Algunos por desastres naturales, otros en accidentes, otros por la maldad de unos contra otros en este mundo.

Y tenemos que preguntarnos, ¿dónde está la justicia para estas personas?, algunos mueren tan jóvenes como un bebé, ¡sus vidas se acortan demasiado! El resto de nosotros disfrutamos de la vida en todos sus sabores.

Nos divertimos y jugamos como niños, fuimos amados y protegidos por nuestros padres, luego fuimos a la escuela, conocimos amigos, tuvimos primeros bailes, primeros amores, paseamos en centros comerciales y nos divertimos en el cine.

Más adelante fuimos a la universidad, tuvimos una carrera, nos casamos, tuvimos hijos, y envejecimos para ver a nuestros hijos convertirse en adultos. Luego estar allí para celebrar sus logros, sus cumpleaños, sus bodas y finalmente una vida sosegada como jubilado.

Pero algunos de nosotros nunca pudimos disfrutar de todo eso. ¿El cielo compensará todo eso? Por supuesto que no. .

Si todos terminan en el mismo lugar, todos tendremos nuestros recuerdos, nuestras experiencias de vida para recordar, pero para algunos a quienes el viaje se detuvo al principio, fueron engañados por la vida.

Es por eso que solo la reencarnación puede proporcionar justicia a esas personas. Si eligen la Vida, SU VIDA, LA VIDA REAL, pueden regresar y en otra vida humana disfrutar de todo lo que les fue negado en su vida anterior.

La moral SI importa, la ética SI importa.

Hay muchas personas que venderán sus almas y cuerpos a cambio de la buena Vida. ¿Eres uno de ellos? ¡Incluso tus padres no permitirían que te sentaras en tu flojo trasero a no hacer nada!.

Recuerda, ¡Eres un adulto!, ellos pueden ser pacientes, pero en algún momento te echarán. Como adulto, se espera que consigas un trabajo y te levantes sobre tus pies, ¡ya no eres un niño!

Pero hay muchas personas en todo el mundo que buscan papitos y amantes para desprenderse. Hombres y mujeres que venden su integridad y sus cuerpos, otros por sentirse halagados o protegidos, algunos se convierten en sirvientes y secuaces de personas ricas y poderosas.

La vida es buena para esas personas; vendieron su autoestima, dignidad, cuerpo y sus almas a cambio de "la buena vida".

El cielo es para esas personas: los egoístas, interesados solo en la auto gratificación. Dios no te necesita en el cielo, Dios no te permitirá sentarte en el cielo sin hacer nada por la eternidad. Incluso pensar que tal vida es posible es vergonzoso, haz lo correcto.

Asume la plena responsabilidad sobre tus acciones

Cada hindú conoce esta regla, esta enseñanza: tú hiciste el desastre, es tu responsabilidad limpiarlo. tus acciones causaron daño a otros, es tu responsabilidad arreglar la situación.

Pero no es necesario ser hindú para conocer esta verdad: estas son bases morales y éticas que les enseñas a tus hijos día tras día.

Si tu hijo, en un ataque de ira al perder un juego, rompe el juguete de su amigo, no es suficiente para él llorar algunas lágrimas frente a usted. Está bien que lamente de forma sincera lo sucedido.

Pero, el arrepentimiento es solo el primer paso no el último. Se debe comprar y entregar un juguete nuevo al amigo con una sincera disculpa. El costo del nuevo juguete saldrá de la mesada de su hijo o él / ella se verá obligado a hacer tareas para compensar el costo.

Como padre, es tu deber enseñar a tu hijo valores y lecciones correctas. Admito que estoy desconcertado cuando escucho que llorar unas pocas lágrimas de arrepentimiento son suficientes para Dios.

Dios te perdonará amablemente y te dejará disfrutar del cielo. No es necesario disculparse con las víctimas, no es necesario compensar el daño que se causó, llorar unas pocas lágrimas lleva menos de 2 minutos y listo ¡Simplemente maravillosa verdad!; pero ¿Es realmente maravilloso?

Dios no puede enseñarte valores; las malas personas harán cosas malas mientras que las personas buenas seguirán haciendo cosas buenas. La persona con moral continuará buscando la forma de seguir haciendo lo correcto.

En cambio el amoral continuará tomando las salidas fáciles y eso es lo que prometen las Religiones, una salida fácil. Qué vergüenza tomarlo, avergüenzas a Dios cuando haces eso.

Más lavado de cerebro aún.

Observa con atención estas imagenes, ¿no crees que las palabras son demasiado similares? Qué triste declaración nos hace vivir en el mundo moderno y libre, que seguimos siguiendo ideas de un pasado tan primitivo.

En el pasado, la gente vivía bajo la egida de Reyes / Señores Feudales / Hombres Fuertes / Dictadores y era más que prudente hacer lo posible para mantener la cabeza baja.

Así que lo común y mas pertinente era arrodillarse ante el Rey / Señor Feudal
Hombres Fuerte / Dictador y jurar lealtad hacia él en espera de la recompensa (Argumento filosófico de la apuesta de Pascal, Blaise Pascal 1670).

Esa fue la vida mundana sobre la cual las religiones nacieron en esos días e hicieron a sus Dioses con la imagen de un hombre fuerte; uno similar a un Rey se sienta en su trono en los Cielos, recompensando a sus fieles seguidores (los creyentes) y castigando al resto (los no creyentes).

Ningún rey podía permitirse el lujo de tener personas desleales para permanecer en su trono en aquellos días. Hoy en la era de la información, en la inmensa mayoría de nuestras sociedades modernas y libres, podemos hablar libremente contra el Presidente o el Primer Ministro y nadie te echara del país por hacerlo.

Pero las religiones de hoy permanecen estancadas en el pasado, lamentablemente también sus seguidores. Todo lo que se necesita para conseguir la "buena vida" es arrastrarse hacia el dictador correcto.

Pulir los zapatos correctos garantiza avanzar. Los ateos, hindúes, budistas y similares (según ellos) están puliendo los zapatos equivocados aparentemente y enfrentarán un castigo implacable, triste porque incluso en el mundo moderno las religiones que predican la condena colectiva y la recompensa siguen siendo las dominantes.

Qué triste las afirmaciones de nuestros ciudadanos formados, educados e inteligentes y de los medios de comunicación, en donde la moral y la ética que deberían ser la piedra fundamental de la convivencia en este mundo cada día parecen proscribir más.

Nuestras bases éticas y morales son flexibles.

Ve muy bien la imagen. Siempre me ha preguntado por qué los primeros tres están condenados por supuesto, mientras que el cuarto obtiene un pase gratis ¡De hecho, se promueve activamente!

Un montón de cartas, artículos y editoriales que condenan todo tipo de división y actos de odio incluso contra todo tipo de discriminación, ya sea por cuestiones de raza, credo, sexo, edad o casta.

Pero en absoluto contraste es inquietante que la cantidad de cartas, artículos y editoriales que condenen que la segregación religiosa sea promovida de forma activa por las religiones dominantes, ¡es cero! ¡SI ES CERO!

¡A lo largo de los años, nadie ha preguntado qué tipo de Dios dividiría a las personas basándose simplemente en su afiliación religiosa! ¿Acaso Dios no nos cuida como seres humanos individuales? ¿Lo que hicimos en la vida acaso no importa? ¿Lo único que le importa a Dios es si lo apoyamos o no al asegurarnos el unirnos a la religión "correcta"? ¿cómo vamos a saber qué religión es la correcta? Casi todas las religiones tienen la sangre de inocentes en sus manos: ¿son estas las religiones que dicen hablar por Dios?

Tal brutalidad se refleja en sus amenazas; en definitiva ¡Su Dios no es mejor que Adolfo Hitler! Pues el solo arremetió contra las personas judías por su religión. No vio al ser humano, al anciano que había trabajado incansablemente para el crecimiento de Alemania toda su vida y que de repente se encontró abordando un vagón de ferrocarril con destino a una cámara de gas ¡Junto a su pequeño nieto!

¿Sera acaso ese el destino que espera a cientos de millones de hindúes, budistas y ateos? ¡Acaso nosotros también estamos destinados a cámaras de gas en el infierno! Honestamente, no sé cuál es más difícil de soportar, el abuso de "tales religiones" o el silencio de personas formadas, con moral y ética.

¿Los animales van al cielo?

Como amante de los animales, tengo que reírme de nuestra arrogancia; algunas personas religiosas dicen que los animales no tienen alma, que no van al cielo. ¿Pero nosotros que? ¿Nosotros tenemos almas?

Si, nosotros que seguimos abusando de este planeta y de todas las demás criaturas que en el viven, ¿merecemos ser recompensados con la buena vida? ¿Mientras que los animales que sufrieron en nuestras manos continuarán sufriendo incluso en la otra vida?

Esto solo muestra claramente lo falso que es el Cielo, solo una fantasía para sentirse bien engañarnos y hacernos felices. Comenzó en los días de las cavernas cuando la niña le preguntó a su padre por qué abuela no se estaba despertando o respondiendo. ¿Qué se supone que debe decir un papá? Pero, por supuesto, "la abuela está ahora en un lugar mejor".

Las religiones han estado usando este concepto desde entonces. Lo triste es que parecemos tan ajenos al dolor y al sufrimiento que causamos a los animales, más, sin embargo, pensamos que merecemos ser recompensados con una vida donde no hay dolor ni sufrimiento, una vida alegre en compañía de nuestros seres queridos y amigos.

Pero esos sueños se harán realidad; renaceremos como una planta, un árbol o incluso un insecto, estaremos con nuestros seres queridos. Sin cerebro para hablar, no sentiremos dolor o sufrimiento. Sin el concepto del tiempo, viviremos "para siempre".

No te arrodilles ante Dios.

¿Cuándo fue la última vez que te arrodillaste ante alguien? ¿Quién se sigue arrodillando? Esto solía pasar mucho en el pasado, ¿no? Imágenes de sujetos arrodillados ante el más fuerte, el Rey eran de lo más común.

Se esperaba en esa época que los sujetos hicieran eso, mostrando así su lealtad, se esperaba que demostraran que eran buenos vasallos, esclavos y sirvientes siempre listos para obedecer ciegamente la voluntad de su amo.

Sé que lo mejor hoy es decidir quién quieres ser; ¿Quieres ser un hijo de Dios o ser su esclavo?

Las 4 religiones principales de hoy se pueden clasificar en dos categorías; en la primera el cristianismo y el islam ven a su Dios como un amo o un rey, por lo tanto, ponerse de rodillas e inclinarse ante el amo es lo correcto.

Un sirviente puede servir solo a un amo, por lo tanto, al único Dios. En cambio, el hinduismo y el budismo ven a Dios como un padre o un maestro que te enseña en la vida, muchos maestros, muchos padres.

Es de ahí de donde proviene el adagio: "se necesita de una aldea para criar a un niño". La mayoría de los hindúes permanecen de pie o se sientan en el templo; muy pocos se arrodillan ante Dios.

La forma en que te veas decidirá tácitamente tus responsabilidades y obligaciones. En cambio, como esclavo solo obedeces ciegamente, a la espera de la "eterna recompensa"

Como Hijo de Dios, tus derechos y responsabilidades son diferentes Imagina a un hombre rico con hijos adultos ayudándolo en su negocio. Este hombre rico también emplea algunos sirvientes. ¡Un día ocurre un desastre natural que aniquila todo lo que posee el hombre rico! Enfermo del corazón, el hombre una vez rico termina en el hospital, quebrado y muriendo.

Pero ¿Dónde están los sirvientes? ¡Se fueron! Los sirvientes se quedan solo mientras los tiempos sean buenos (El Cielo), pero depende de los hijos e hijas tomar la mano del anciano, decirle que todo estará bien, que lo cuidarán de ahora en adelante. Que pagaran las facturas del hospital y cuidaran de su padre.

Son esos los verdaderos derechos y responsabilidades de un Hijo de Dios; nos mantenemos firmes a su lado, no solo cuando los tiempos son buenos; nuestro lugar está justo aquí en esta Tierra, **¡EN EL MUNDO REAL!** Por favor, no te avergüences ni mucho menos avergüences a Dios rebajándote a ser un esclavo o un sirviente.

Obtén la buena vida de la manera fácil

La vida ha sido tan difícil durante tanto tiempo que lo más natural es que las personas quieran un poco de alegría y felicidad en sus vidas. Hoy, para aquellos de nosotros que tenemos la suerte de vivir en el primer mundo, disfrutamos de una buena vida, pero para la gran mayoría de la humanidad, la vida es una lucha diaria y constante.

Pero además la vida era por mucho, muchísimo peor en el pasado: la mayoría dependía de la agricultura para ganarse la vida, considerado el trabajo más difícil del mundo, incluso hoy, poca ley y orden, y por supuesto, la medicina primitiva que significaba ver morir a tus seres queridos ante tus ojos.

La vida era "Solitaria, Pobre, Desagradable, Brutal y Baja" (Thomas Hobbes, Postulado filosófico de Leviatan 1651), por ello naturalmente a las personas les encantaba la idea de un Dios acogedor que les brindara una vida fácil e interminable.

En aquel entonces, la mayoría del trabajo era primitivo y todo lo que se necesitaba era suficiente músculo. La mayoría de los trabajos se dieron en base a buenos contactos. La vida era más fácil para aquellos cercanos a los ricos y poderosos; así que era obvio que valía la pena ponerse de rodillas y jurar lealtad a los poderosos esperando siempre una recompensa (Argumento filosófico de la apuesta de Pascal, Blaise Pascal 1670).

Así era la vida, pero mucho ha cambiado desde entonces, aunque lamentablemente, las religiones continúan estancadas en su pasado primitivo.

En nuestros tiempos, en la mayoría de los países occidentales, se requieren conocimientos y habilidades para obtener un trabajo, una promoción o un contrato. ASI ES LA BUENA VIDA SE GANA, no se da. Pero todavía hay formas tan arcaicas en los países comunistas y gobernados por dictadores, donde los trabajos, las promociones los contratos e incluso los servicios se entregan en función de a quién conoces, exacerbando el nepotismo en detrimento de la meritocracia.

Lo patético de todo esto es ver a las religiones dominantes en el mundo, suscribir formas y metodologías tan bajas y perversas.

RECIBES POR LO QUE PAGAS.

Uno de los argumentos que expongo en mi libro es que no puedes engañar a Dios. No puedes conseguir algo por nada. Esperar encontrar oro en una caja de venta de garaje marcada como "gratis" es una tontería.

Dios, a través del medio de la vida te ha enseñado que nada bueno en la vida vendrá sin lucha, cayendo varias veces, fallando sin cesar, pero uno debe seguir levantándose. Los que se rinden no son recompensados. Sin dolor, sin ganancia: tales lecciones son evidentes por sí mismas.

Pero lo que las religiones nos prometen es exactamente lo opuesto; ¡renuncia, entrega tu vida y Dios te recompensará con un retiro dorado en el cielo! Como puede ver en la imagen, se sorprenderán.

Frederich Nietzsche, fue el único filósofo occidental que leyó textos hindúes y comprendió lo que intentaban transmitir, que nuestra elección debe ser seguir avanzando, nunca conformarse con vivir en el pasado.

Hay más en la vida que simples placeres de la carne; las 3 S, Seguridad, Sexo y Sustento.

Los animales lo entienden y los que corran tras el Cielo terminarán lamentando su elección.

¿De verdad te importa?

Todos hemos escuchado personas religiosas hablar sobre cómo en el Cielo estaremos con todos nuestros seres queridos, que la vida estará llena de alegrías, plenitud y felicidad. Pero **¿Alguna vez escuchó de ellos mencionar a los seres queridos que dejaremos atrás?** ¿Qué pasa si eres tú el sostén económico aquel que gana el pan de la familia? ¿Cómo seguirá tu familia sin tu ayuda? Entonces, si estas en el cielo, ¿ya no te importara?

Los niños se pierden, algunos son secuestrados. ¿Están los abuelos y los padres muertos disfrutando del cielo? Un niño perdido en el bosque está hambriento, cansado, llorando por su mamá mientras se acuesta a dormir, tal vez por última vez.

Muchos extraños pasan interminables horas ayudando a buscarlo (ese podrías ser tú si eliges la reencarnación); Mientras tanto los seres queridos del niño están jugando un juego de pelota en el cielo.

Muchas cosas malas suceden en el mundo: terrorismo, enfermedad, violencia, discriminación. La lista de horrores es interminable. ¿Estar en el cielo significa que uno dejará de preocuparse? Parece de esa manera, ¿no es así?

Aclaremos esto: si el cielo existe y es maravilloso y alegre, será un lugar así antes de llegar allí, será mientras estés allí, y adivina qué, todavía será un lugar maravilloso y alegre si eliges irte. **¡Nadie te extrañará y a nadie le importará!**

Pero es en la Tierra donde te necesitan te quieren, el lugar donde te extrañaran, donde la gente se preocupa. **Solo planteo que Dios está aquí abajo con nosotros, con personas amorosas y afectuosas.**

Tantas preguntas sin respuestas, pero ¿En dónde están las preguntas?

Comencé este viaje con una mente lógica y racional. Dándome respuestas muy duras: primero, no hay evidencia de Dios ni de ningún Cielo, Infierno o Reencarnación. Todas las ideas de Dios vinieron desde la tierra, con personas ligadas a la tierra elevándose a un nivel de Dios.

¡El Dios Abrahamánico no es otro más que un Rey, Dictador u Hombre fuerte ¡que se destaca muy evidentemente! al igual que un dictador que recompensará a sus fieles seguidores y haría que los que lo cuestionen fueran asesinados o expulsados de su país, ¡también lo hace este Dios! El cielo es solo para sus fieles creyentes, ¡el resto de nosotros estamos condenados a la tortura eterna! Sin embargo, incluso en la era moderna, muy pocos parecen ver a través de esta fachada de religión.

Aquí realizo algunas preguntas más y las personas religiosas usan la misma táctica, el mismo opio de las masas, esa que ha funcionado para acallar a todos los que osaron dudar y que ha funcionado maravillosamente a lo largo de los siglos; lo triste es que incluso las mentes más preparadas parecen caer en la trampa; Es un truco fácil, por algo no es de extrañar que la religión haya sido comparada con el opio.

La moral es flexible

Ningún escritor o editor nunca cometerá el error de no comparar a Adolfo Hitler como el mal puro. ISIS también, correctamente llamado malévolo, malvado y amoral, pero ¿Cuál fue su malvado crimen?.

Ellos No veían a las personas como seres humanos individuales, cada uno de nosotros diferente del otro. Solo condenaron colectivamente a grupos de personas basándose únicamente en su filiación religiosa.

Un ciudadano judío de Alemania, que había pasado toda su vida trabajando para el mejoramiento de Alemania, de repente se encontró, en su vejez, encerrado en un vagón junto con su nieto de 10 años, destinado a las Cámaras de Gas.

ISIS solía alinear a los no musulmanes y les daba una opción: ¡convertirse o morir! Algunos ni siquiera tuvieron esa opción, ya que no eran musulmanes, ello significaba una sentencia de muerte automática para ellos.

En el pasado, muchas personas fueron masacradas en nombre de la religión, el islam se extendió por la fuerza de la espada.

A los latinoamericanos, conquistados por los españoles, se les dio la misma opción: ¡convertirse a la nueva religión de sus amos o morir! ¡Los cristianos eran el ISIS de la edad media!

Si bien los dos anteriores están (y con justa razón) condenados, ¡las ideas que los dieron a luz en realidad aún se promueven!.

¡La división religiosa y el odio se predican de forma constante mientras los medios de comunicación y las personas preparadas miran hacia otro lado!

El propósito y el significado de la vida

Todos nos preguntamos en un momento ú otro sobre este tema, ¿no? Según las principales religiones, el propósito de la vida es asegurarnos de que nos unamos a la religión "correcta", orar al Dios "correcto" para que Él esté complacido y nos recompense.

Si bien los dos anteriores están (y con justa razón) condenados, ¡las ideas que los dieron a luz en realidad aún se promueven! ¡La división religiosa y el odio se predican de forma constante mientras los medios de comunicación y las personas preparadas miran hacia otro lado!

Dios es mi boleto para la vida buena en el cielo

Hoy vemos a muchas personas vendiendo sus almas, básicamente apoyando a hombres fuertes y malvados.

Convirtiéndose en sus seguidores y sus secuaces, embistiendo sobre sus enemigos, asesinando inocentes por lo que piensan y lo que dicen y lo hacen para ser recompensados por el poderoso, ellos creen que la vida buena es suya.

Otros se hacen amigos o amantes de personas ricas, con la esperanza de que él o ella los lleve a restaurantes caros y clubes nocturnos.

También para que los llevesn de vacaciones a hoteles 5 estrellas y quizás vivir así la buena vida a expensas de esta persona millonaria.

Cuando escucho hablar sobre el Cielo, escucho las mismas palabras una y otra vez: "Este Dios nos dará la buena vida. Debemos orarle para que se complazca y nos recompense".

Nuestros puntos de vista sobre Dios se han mantenido en este nivel tan superficial que incluso hoy en el siglo XXI. No dice mucho sobre nosotros, ¿verdad?

El rey y el maestro

Las 4 principales religiones se pueden clasificar en dos grandes vertientes: religiones del Rey / amo (cristianismo e islam) y la Fe de Padres / Maestros (hinduismo y budismo).

Las religiones del Rey / amo son bastante simples: reza al Rey / amo y él te recompensará. El objetivo de todo eso es la recompensa la buena vida en el cielo y para llegar allí hay que rezarle al Dios "correcto".

Al igual que en los viejos tiempos cuando vivir bajo la egida de un Rey Fuerte y Justo marcó la diferencia: la vida era diferente entonces y las religiones reflejaban esos tiempos.

Conclusiones y el Futuro

Las creencias de los padres / maestros son mucho más complejas: no existe una "recompensa" como tal. La vida misma, el viaje, es su propia "recompensa". El objetivo es la Iluminación, el Conocimiento: convertirse en un Buda.

Las acciones son lo que importa, no la religión. Para convertirse en el Salvador, no en el Salvado en un guerrero, no en un cobarde. Aspirar a más y mejor, no a rendirte.

El cielo está diseñado para los viejos, los jubilados, los que se dan por vencido, mientras que la reencarnación es para los jóvenes, los soñadores, los luchadores.

Hemos hecho esta pregunta antes, "¿Qué hace uno en el cielo?" - El cielo parece ser una bonita casa de retiro; miles de millones de personas flotando, mirándose, aburridas de sus cráneos. Existen, no viven. ¡Sí, el gran plan de Dios en efecto!

La vida, LA VIDA REAL, espera a quienes eligen la reencarnación. ¡Un día los humanos colonizarán esta galaxia, viajarán a través de las estrellas! Un día, la vida representada en las películas de Star Wars se hará realidad. Y aquellos que elijan la reencarnación disfrutarán del mundo del futuro, ¡construirán un mundo así! ¡Hará que Dios se sienta orgulloso!

www.ingramcontent.com/pod-product-compliance
Lightning Source LLC
LaVergne TN
LVHW070059080426
835508LV00028B/3451